ສັດປ່າສີ່ຂາ ທີ່ທ້າຍຫາກ

ໂດຍ ອັກຈູສັນ ທາຍຸພິນ
ຮູບໂດຍ ໂຣຊາ ໂລເຣນາ ກິງຊາຣາ

Library For All Ltd.

ອົງການ Library For All ແມ່ນອົງການທີ່ບໍ່ຫວັງຜົນກຳໄລ ທີ່ມີພັນທະກິດທີ່ຈະເຮັດໃຫ້ທຸກຄົນ ສາມາດເຂົ້າເຖິງແຫຼ່ງຄວາມຮູ້ ຜ່ານບະອັດຕະກຳທ້ອງສະໝຸດດີຈິຕອນ. ເຂົ້າເບິ່ງລາຍລະອຽດເພີ່ມເຕີມທີ່: libraryforall.org

ສັດປ່າສີ່ຂາ ທີ່ທາຍາກ

ພິມຄັ້ງທຳອິດ 2021

ຈັດພິມໂດຍ: ອົງການ Library For All
ອີເມວ: info@libraryforall.org
URL: libraryforall.org

ຜົນງານນີ້ ມີລິຂະສິດສາກົນພາຍໃຕ້ເງື່ອນໄຂສັນຍາອະນຸຍາດແບບເປີດ (Creative Commons) - ການອ້າງອີງແຫຼ່ງທີ່ມາ, ຫ້າມນຳໃຊ້ເພື່ອການຄ້າ-ຫ້າມດັດແກ້ 4.0. ສຳລັບລາຍລະອຽດເພີ່ມເຕີມ ກ່ຽວກັບລິຂະສິດນີ້, ເຂົ້າເບິ່ງ http://creativecommons.org/licenses/by-nc-nd/4.0/.

ປຶ້ມເຫຼັ້ມນີ້ ຖຶກສະໜັບສະໜູນໂດຍ ໂຄງການເພື່ອການຮ່ວມມືການສຶກສາ (Education Cooperation Program).

ຮູບແຕ້ມຕົ້ນສະບັບໂດຍ ໂຣຊາ ໂລເຣບາ ກົງຊາຣາ

ສັດປ່າສີ່ຂາ ທີ່ທາຍາກ
ອັກຈູສັບ ຣາຊພົບ
ISBN: 978-9932-00-429-4
SKU02617

ສັດປ່າສ່ຽຂໆ ທ໌ທາຍໆກ

ຂ້ອຍແມ່ນໝາໄນ.

ຂ້ອຍມີຄອບຄົວໃຫຍ່.

ຂ້ອຍແມ່ນເສືອລາຍເມກ.

ຂ້ອຍປິ່ນຕື້ນໄມ້ເກົ່າໆ.

ຂ້ອຍແມ່ນເທຽັບທາງຂໍ.

ກິນໂຕຂ້ອຍທອມທູາຍ.

ຂ້ອຍແມ່ນໝາລ້ງ.

ຂ້ອຍຂຸດດິນເກັ່ງ.

ຂ້ອຍແມ່ນລິ້ນ.

ຂ້ອຍມ້ອນໂຕເປັນໝາກກບານໄດ້.

ຂໍ້ມູນທາງບັນນາບຸກົນຂອງຫໍສະໝຸດແຫ່ງຊາດ

ອັກຈູສັບ ຣາຊພິບ
    ສັດປ່າມີສີ່ຂາ ທີ່ທາຍາກ / ໂດຍ ອັກຈູສັບ ຣາຊພິບ. -- ວຽງຈັນ, 2022
    21 ໜ້າ : ພາບປະກອບສີ ; 21 ຊມ
    1. ສັດປ່າ
    I. ຊື່ເລື່ອງ
590 -- dc21
    ເລກທະບຽນພິມຈຳໜ່າຍ: 066 / ອພຈ19042022
    ISBN 978-9932-00-429-4

ເຈົ້າສາມາດໃຊ້ຄຳຖາມຄັ່ງລຸ່ມນີ້ເພື່ອສືບທະນາກ່ຽວກັບເລື່ອງທີ່ອ່ານກັບ ຄອບຄົວ, ໝູ່ ແລະ ຄູອາຈານ.

ເຈົ້າໄດ້ຮຽນຮູ້ຫຍັງຈາກເລື່ອງນີ້?

ຈົ່ງອະທິບາຍເລື່ອງນີ້ ໂດຍໃຊ້ຄຳບັບຍາຍ 1ຄຳ. ຕະຫຼົກ? ຢ້ານ? ມີສິສັນ? ໜ້າສົນໃຈ?

ເມື່ອອ່ານຈົບແລ້ວ, ເລື່ອງນີ້ໃຫ້ຄວາມຮູ້ສຶກຫຍັງແດ່?

ໃນເລື່ອງນີ້, ເຈົ້າມັກສິ່ງໃດຫຼາຍທີ່ສຸດ?

ດາວໂລດແອັບ
getlibraryforall.org

ກ່ຽວກັບຜູ້ປະກອບສ່ອນ

Library For All ເຮັດວຽກຮ່ວມມືກັບນັກຂຽນ ແລະ ນັກແຕ້ມ ທົ່ວ ໂລກເພື່ອສ້າງເລື່ອງທີ່ທ້າວກັບທ້ວາຍ, ມີຄຸນນະພາບສູງໃຫ້ກັບຜູ້ ອ່ານໂຕນ້ອຍ. ທຸກຄົນສາມາດເຂົ້າໄປ ເວັບໄຊ libraryforall.org ເພື່ອຮູ້ຂ່າວທ້າສຸດ ກ່ຽວກັບກິດຈະກຳຝຶກອົບຮົມນັກຂຽນ, ຄູ່ມືຕ່າງໆ ແລະ ໂອກາດສ້າງສັນອື່ນໆ.

ປື້ມທົ່ວບໍ່ມ່ອນບໍ່?

ພວກເຮົາມີປື້ມຫຼາຍຮ້ອຍທົ່ວໃຫ້ເລືອກອ່ານ.

ພວກເຮົາຮ່ວມມືກັບນັກຂຽນ, ອົງການດ້ານການສຶກສາ, ທີ່ປຶກສາທາງດ້ານວັດທະນະທຳ, ລັດຖະບານ ແລະ ອົງກອນທີ່ບໍ່ຂຶ້ນກັບລັດຖະບານ ເພື່ອນຳຄວາມເພີດເພີນ ໃນການ ອ່ານໃຫ້ກັບເດັກນ້ອຍທົ່ວທຸກແຫ່ງ.

ຮູ້ບໍ່?

ພວກເຮົາສ້າງການປ່ຽນແປງທີ່ດີໃນຊົງເຂດນີ້ ໂດຍປະຕິບັດ ເປົ້າໝາຍ ການພັດທະນາແບບຍືນຍົງຂອງສະຫະປະຊາຊາດ.

libraryforall.org

www.ingramcontent.com/pod-product-compliance
Lightning Source LLC
Chambersburg PA
CBHW040118150726

48005CB00013B/1780